AF262213

# QUESTION EUROPÉENNE

## ROME, VARSOVIE, CONSTANTINOPLE

### SOLUTION

#### PAR LOUIS DE JUVIGNY

PARIS

CHARLES DOUNIOL, LIBRAIRE-ÉDITEUR,

29, RUE DE TOURNON

1863

# LA
# QUESTION EUROPÉENNE

ROME, VARSOVIE, CONSTANTINOPLE

SOLUTION

PAR

## LOUIS DE JUVIGNY

PARIS

**CHARLES DOUNIOL, LIBRAIRE-ÉDITEUR**

29, rue de Tournon

1863

LA

# QUESTION EUROPÉENNE

## ROME, VARSOVIE, CONSTANTINOPLE

### SOLUTION

## I

**La même question posée en même temps à Rome,
à Varsovie et à Constantinople.**

Il y a aujourd'hui trois questions qui tiennent en suspens les destinées de l'Europe : la question de la liberté politique qui vient d'être posée d'une manière définitive par la Pologne; la question d'Orient, que M. Thiers appelle l'œuvre la plus éclatante des temps modernes (1); et la question romaine. Ces trois questions ne seront pas résolues séparément; car elles ne sont que les faces diverses de la même idée, l'idée du nouveau monde qui

(1) « Il (Napoléon) ne voulait pas que l'œuvre la plus éclatante des temps modernes fût accomplie par quelqu'un, a sa face, à côté de lui. »
(Thiers, *Hist. du Cons. et de l'Emp.*, t. VII, liv. XXVII, p. 654.)

doit surgir sur les débris du passé. La solution de la question d'Orient donnera à la société future sa forme extérieure et sa magnificence. La liberté politique en sera l'élément générateur.

La Pologne a déchiré les traités de 1815. Elle détruit, en ce moment même, cette forme de l'équilibre européen qui subsistait péniblement depuis la chute de l'empereur Napoléon Ier. La liberté politique se dégagera. Alors cette société que l'on appelait autrefois la République chrétienne n'ayant plus sa base antique, il faudra bien lui trouver une assiette nouvelle ; elle ne la trouvera qu'en Orient. L'axe du monde sera déplacé. Napoléon Ier a dit : « L'ancien monde est à bout ; le nouveau n'est pas ‹ assis. »

L'empereur Napoléon III, achevant la pensée de son predécesseur, déclare qu'il faut « consacrer l'alliance de « la religion et de la liberté (1). » C'est ainsi, en effet, qu'il faut asseoir le nouveau monde.

Toutes les civilisations qui ont repoussé la loi chrétienne se sont abîmées dans la honte. Mais les puissances qui ont duré et qui ont rempli la terre du bruit de leurs armes et de leur parole, celles-là se sont alliées avec l'Église. Ainsi ont agi Constantin et Charlemagne, les Romains et les barbares. La démocratie, héritière de ces puissances, subira la même loi. Elle vivra, elle triomphera et son règne sera durable, parce qu'elle représente l'humanité ; et parce qu'elle vivra, elle obéira à la loi de la vie. Il apparaîtra que les lois mêmes de la société en vertu desquelles elle existe et qui sont, comme le dit

_______________

(1) Lettre de l'Empereur, 20 mai 1862.

Montesquieu, *les rapports nécessaires qui dérivent de la nature des choses,* il apparaîtra que ces lois sont chrétiennes; et les dogmes chrétiens seront reconnus comme étant des lois générales de la création qui animent l'ordre naturel aussi bien que l'ordre surnaturel.

Bien souvent, dans le cours des siècles passés, la puissance temporelle des papes a été ébranlée. Mais jamais ces attaques n'ont produit l'émotion profonde que chacun peut constater aujourd'hui. C'est que la question romaine enveloppe et masque une question plus haute, je veux dire la question des rapports qui devront s'établir entre l'Église et le monde nouveau. Voilà ce qui est au fond de la question romaine. L'une de ces puissances est connue et elle se connaît elle-même. Mais le monde nouveau, la société nouvelle n'est pas encore connue; elle ne se connaît pas elle-même. Elle n'est pas encore nommée. Est-ce la république? Est-ce le système représentatif? Et dans le système représentatif est-ce la forme parlementaire? Est-ce la forme qui a prévalu en France? Mais celle-ci, d'après les paroles mêmes de son fondateur, n'est pas définitive; elle attend son couronnement; et nous ne savons pas encore exactement quelle sera sa nature. Et puis, croyez-vous que la liberté puisse s'établir sur un point et être méconnue ou écrasée ailleurs? N'est-ce pas la forme même de la civilisation moderne qui est en question? C'est une controverse qui a commencé au xviiiᵉ siècle, qui s'est continuée par la révolution française et qui n'est pas terminée. Elle s'agite en Pologne; demain peut-être elle sera posée à Constantinople.

La question romaine est donc une question mal posée;

dans les termes où elle a été posée jusqu'à présent il n'y avait pas de solution possible. La Pologne en se levant va lui rendre ses grandes et véritables proportions. En revendiquant pour elle la liberté, elle forcera l'Europe à l'établir partout, comme la base même de sa constitution nouvelle. La liberté fondée, organisée, victorieuse, sera ce nouveau monde qui est l'objet des aspirations des peuples ; et l'alliance de la liberté avec l'Église sera en même temps la solution de la question romaine.

La révolution française a affirmé la liberté humaine. Cette affirmation ne sera pas vaine ; mais elle trompera ceux qui l'ont émise. En affirmant la liberté, ils ont cru combattre le christianisme. Or, il arrivera que la liberté sera sauvée par le christianisme. Elle vaincra par ce secours divin ; et son triomphe deviendra une époque chrétienne, une époque sacrée dans les fastes du genre humain.

Ceci explique pourquoi les révolutionnaires se sont enveloppés dans des formules divines qu'ils ne comprenaient pas. Ils les ont imprimées sur le monde ; il n'est plus temps de les retirer. Ce qui est écrit est écrit. La marque du christianisme a été imprimée d'une manière indélébile sur le monde futur par des ouvriers qui ne savaient pas ce qu'ils faisaient. Tous les peuples ont vu flamboyer sur les portiques de l'avenir ces trois mots magiques : Liberté ! Égalité ! Fraternité (1) !

(1) C'est par la liberté que l'homme est l'image de Dieu. C'est par là aussi que les hommes sont égaux. Car ils n'ont pas la même taille, ni la même force intellectuelle, ni la même vertu. Ils sont égaux en tant qu'ils ont le même type éternel et la même destinée. Et la fraternité est la loi de cette égalité sublime.

Ils ont écrit cette formule, et maintenant Dieu va la vivifier. Elle vaincra ceux qui l'ont écrite ; car elle atteste le nom du Dieu vivant, et elle est la loi d'un ordre social chrétien qui nous envahit de toutes parts.

Cette chose que nous avons à faire aujourd'hui, était l'œuvre même proposée à l'empereur Napoléon I$^{er}$. Sa mission était celle du xiv$^e$ siècle. C'est la nôtre. Les mêmes questions qui nous sollicitent, et par lesquelles Dieu nous parle, la Pologne, l'Irlande, l'Orient, se dressaient devant lui. Il devait être le fondateur et l'organisateur du nouveau monde. Il avait reçu la force et le génie afin de défendre la liberté contre les périls du dedans et du dehors. Il le comprit à Sainte-Hélène, et il dit ces paroles, qui sont en même temps un aveu, un regret et une prophétie : « Le premier roi qui se mettra sincère-« ment à la tête des peuples, sera maître de l'Europe et « il fera tout ce qu'il voudra. »

Si, à l'époque de sa puissance, il avait eu une idée aussi claire, aussi lucide de sa mission, libérateur de l'Europe, il ne l'aurait pas entraînée avec lui jusqu'au cœur de la Russie, par un effort gigantesque et stérile. Il aurait relevé la Pologne ; il l'aurait rétablie dans ses antiques limites ; puis il se serait avancé à la tête des peuples vers l'Orient. Il aurait achevé les croisades. Il aurait repris, par une autre route, la direction de Constantinople dont Saint-Jean-d'Acre lui avait barré le passage. Réalisant la pensée de Leibnitz, il aurait fondé à Constantinople un nouvel empire qui aurait participé de l'Orient et de l'Occident. Nul mieux que lui n'était capable d'opérer la fusion de l'Occident et de l'Orient ; car il y avait, dans la nature de son génie, l'ampleur et la magnificence de l'Orient, et en même temps l'exactitude et la sévérité de l'Occident.

Constantinople serait devenu un nouveau foyer de la civilisation d'où elle aurait projeté sa lumière sur l'Orient et sur l'Asie. Là, il eût pu être, non le dominateur, mais le président couronné d'une grande confédération européenne.

Il aurait relevé, affermi toutes les nationalités encore existantes dans l'empire turc, la Grèce, la Moldo-Valachie, la Servie, le Monténégro; il aurait affranchi le Liban. Le Monténégro et le Liban, ces deux refuges de la liberté en Orient, n'auraient pas été souillées par les armées ottomanes. Ce nouvel empire aurait eu pour territoire les seuls pays dont les peuples, trop mêlés ou dissiminés entre eux, ne peuvent plus former de nationalités distinctes et ne peuvent plus vivre que sous la protection et l'administration d'un gouvernement central : en Europe, la Bulgarie et la Roumélie, et au delà du Bosphore, l'Asie-Mineure.

Ces belles et fertiles contrées eussent été vivifiées par un rapide courant d'émigration européenne. Toutes les nations de l'Europe se seraient mêlées sur ce territoire, comme elles se sont mêlées en Amérique. L'idée dont les États-Unis d'Amérique ont prouvé la puissance, aurait reçu là une application grandiose, application qui est la seule solution possible de la question d'Orient.

Alors les Russes auraient renoncé à étouffer sous le panslavisme l'avenir du monde; l'Allemagne ne se serait pas proposé, comme but de son ambition, d'étreindre dans ses limites les destinées de l'Europe, en rétablissant, pour elle seule, au préjudice des autres races, le

saint-empire romain. L'Italie abjurant la gloire de son
initiative intellectuelle, cette patrie morale du genre
humain n'aurait pas opposé sa liberté à l'Église; elle
n'aurait pas eu l'idée de renouveler la phase historique de
la république romaine. Chaque peuple eût compris que
l'humanité s'appartient à elle-même et qu'elle ne doit
être absorbée par aucune race.

On eût compris aussi que si la solidarité humaine tend
à rendre de plus en plus rares et difficiles les guerres par-
ticulières d'État à État, ces guerres ne doivent pas être
remplacées par des conflits et des guerres de races. L'a-
gitation du monde peut et doit s'apaiser dans une grande
fédération humaine; il ne faut pas la renouveler et l'or-
ganiser en quelque sorte, en opposant l'une à l'autre trois
fédérations rivales : slave, germaine et latine.

Ces rêves impossibles à réaliser, les tiraillements de
l'Europe ; cette agitation maladive qui propage l'inquiétude sans résoudre aucune question ; ces revendications
sublimes de la liberté en Orient, en Pologne, en Irlande,
quelquefois victorieuses, d'autres fois noyées dans le
sang, ou vaincues par la famine, tout cela démontre que
l'initiative faussée par Napoléon I<sup>er</sup> a manqué au monde.
S'il avait poursuivi résolûment cette initiative entrevue
deux fois par lui au début et à la fin de sa carrière, en
Syrie et à Sainte-Hélène, il aurait accompli en Europe,
dans de plus grandes proportions, la même œuvre qui a
immortalisé le nom de Washington. Il aurait affermi la
liberté universelle (1). Cet homme qu'on a appelé l'incar-

(1) Un jour, à Sainte-Hélène, le cours de la conversation amena
l'empereur à parler de son expédition d'Égypte et de Syrie. « Les plus

nation de la monarchie, qui se considérait comme l'image
vivante de l'ordre, eût été en même temps le représentant
de la liberté. Il lui eût été facile de jouer le rôle d'arbitre
entre les rois et les peuples et de faire accepter sa média-
tion. L'antique manière de gouverner les hommes eût été
changée.

Certes, ce but grandiose, vers lequel tendent toutes les
lignes de l'histoire, qui est la nécessité de l'Orient et de
l'Occident, n'était pas disproportionné avec le génie de
l'empereur Napoléon I<sup>er</sup>. Qui pourrait dire qu'il n'était
pas l'un de ces hommes de grande race appelés à changer
la face du monde et qui déplacent ordinairement le foyer
de la civilisation ?

Et s'il était grand, il n'était pas cependant supérieur
aux circonstances. Elles étaient déjà, elles sont encore
solennelles et empreintes d'une sombre majesté.

Homme au grand vouloir, aux idées simples et fortes
dans lequel l'humanité aime à se contempler, comme

« petites circonstances, dit-il, conduisent les plus grands événements.
« La faiblesse d'un capitaine de frégate qui prend chasse au large au
« lieu de forcer son entrée dans le port, quelques contrariétés de détail
« dans quelques chaloupes ou bâtiments légers *ont empêché que la face*
« *du monde ne fût changée*; Saint-Jean-d'Acre enlevée, l'armée fran-
« çaise volant à Damas et à Alep; elle eût été en un clin d'œil sur
« l'Euphrate. Les chrétiens de la Syrie, de l'Arménie se fussent joints
« à elle; les populations allaient être ébranlées. »

« ..... Qui peut calculer ce que c'eût été? *J'aurais atteint Constanti-*
« *nople et les Indes; j'eusse changé la face du monde!*

« ..... *Je prenais l'Europe à revers; la vieille civilisation européenne*
« *demeurait cernée, et qui eût songé alors à inquiéter le cours des des-*
« *tinées de notre France, ni celui de la génération du siècle!...*

« Qui eût osé l'entreprendre? Qui eût pu y parvenir? »

(Mémorial de Sainte-Hélène.)

pour mesurer ce qu'elle peut oser, il devait choisir entre
Constantinople et Sainte-Hélène !... Et, chose merveilleuse ! le nom de l'île de sa captivité devait lui rappeler
le lieu où l'attendait son triomphe. Celle qui fut la mère
du premier empereur chrétien, la femme à jamais glo-
rieuse dont la pensée a pu concevoir, pour la première
fois, dans sa joie, les magnificences de l'ordre social
transfiguré par le christianisme, sainte Hélène, par son
nom seul, lui rappelait, près de son tombeau, sur le seuil
de l'éternité, la grandeur de sa mission.

Ce n'est pas l'essor de l'aigle que nous devons criti-
quer. Il avait été créé pour déployer ses ailes et pour
s'élancer dans l'espace. Mais nous devons déplorer qu'il
ait perdu de vue le but dont la splendeur avait ébloui un
instant son regard.

L'empereur Napoléon I<sup>er</sup> ne portait pas seulement les
destinées de la France ; il portait les destinées du monde.
Il n'a pas eu de sa mission une idée trop grande ; mais
cette idée, que la lumière du christianisme pouvait seule
éclairer complétement, s'est obscurcie dans son âme et
en même temps elle s'est diminuée. Par là s'explique
l'incertitude réelle, l'inquiétude de ce génie si audacieux
et en apparence si décidé. Plus humble et plus juste, il
eût été plus audacieux encore et il aurait agrandi ses
desseins. La liberté l'aurait élevé plus haut que la conquête ; et le respect constant de l'Église, qu'il avait d'abord
si noblement défendue, aurait multiplié sa gloire.

La solution de la question d'Orient, « *qui contient le sort
du vieil univers* (1) » et qui sera « *l'œuvre la plus éclatante*

_______

(1) « Cette immense question qui contient le sort du vieil univers. »
(Thiers, *Hist. du Cons. et de l'Emp.*, t. IX, p. 311.)

*des temps modernes* (1), » était l'œuvre même proposée au génie de l'empereur Napoléon I<sup>er</sup>. Deux fois l'instinct de sa destinée le conduit vers l'Orient.

« Si je n'avais pas été arrêté à Saint-Jean-d'Acre, dit-il, « je marchais sur Constantinople et je rétablissais « le trône d'Orient. » Pourquoi donc fut-il arrêté à Saint-Jean-d'Acre? Plus la petitesse de l'obstacle paraît disproportionnée avec la grandeur du héros et de sa destinée, plus elle attire l'attention, plus elle fait réfléchir. Il s'étonne, il s'indigne d'être arrêté ainsi. Comment cette misérable barrière peut-elle suspendre le cours de telles destinées? Il n'a pas vu la main de Dieu qui l'arrêtait! C'est que l'affranchissement de l'Orient, le rétablissement du premier trône du christianisme devait être, en même temps, la restauration de la société chrétienne; et la conduite équivoque du général Bonaparte en Égypte, dans ses rapports avec l'islamisme, ne lui permettait pas alors d'accomplir une telle œuvre.

Plus tard, lorsque la fortune des armes l'a rendu maître de la plus grande partie de l'Europe, il marche une seconde fois vers l'Orient. Il avait relevé les autels catholiques en France. Ne pourra-t-il pas maintenant accomplir sa mission? Non! car le pape est captif à Fontainebleau et l'Église est en deuil de son chef. A peine une faible plainte s'échappe de la poitrine du pontife doux et humble de cœur comme son maître; mais cette plainte monte vers le ciel et elle en change les décrets. Alors la pensée du héros se trouble, l'avenir s'obscurcit devant lui. Il se trompe de route; et au lieu de mar-

---

(1) Thiers, *Hist. du Cons. et de l'Emp.*, t. VII, liv. XXVII, p. 654.

cher sur Constantinople, il va se perdre à Moscou !...

Voilà pourquoi il mourut à Sainte-Hélène ! Il lui fallait désormais la persécution de ses ennemis pour restituer à sa mission son caractère et sa grandeur. Et le Dieu des armées, dont il reconnut la main dans l'adversité, ménageant jusqu'à la fin la gloire de son élu, en fit le martyr de la cause des peuples dont il devait être le libérateur !...

Il est dans la destinée de Constantinople de devenir la capitale de la liberté ou de la servitude de l'Europe. Ou la liberté victorieuse abritant, sous les plis de son drapeau, toutes les nationalités reconnues par l'histoire et par la conscience humaine, s'organisera en fédération puissante et choisira cette ville comme son chef-lieu et son rempart; ou bien de ce lieu descendra sur l'Europe l'ombre attristante de la servitude (1).

(1) M. Thiers résume en ces termes la longue discussion diplomatique élevée entre Alexandre de Russie et Napoléon Ier, au sujet de la question d'Orient : « L'empire français, dit-il, devenu en ce moment « grand comme l'Europe elle-même, en ressentait tous les intérêts, *et ne « voulait pas leur livrer le détroit d'où les Russes menaceront un jour « l'indépendance du continent européen*. C'était bien assez, en leur « livrant la Finlande, de leur avoir procuré les moyens de faire un pas « vers le Sund d'où ils ne seront pas moins menaçants dans l'avenir. « *Lorsqu'en effet, le colosse russe aura un pied aux Dardanelles et un « autre sur le Sund, le vieux monde sera esclave*; la liberté aura fui « en Amérique; chimère aujourd'hui pour les esprits bornés, ces tristes « prévisions seront un jour cruellement réalisées; car l'Europe, maladroitement divisée comme les villes de la Grèce devant les rois de « Macédoine, aura probablement le même sort. »

(*Hist. du Cons. et de l'Emp.*, tome VIII, page 448.)

# II

**La question romaine.**

Il y a des gens qui s'inquiètent faiblement de ce danger, quoique l'empereur Napoléon Ier se soit glorifié d'avoir voulu le conjurer et de l'avoir du moins signalé à l'Europe par son expédition de Russie ; mais ces mêmes hommes affectent de craindre que l'Église catholique n'étouffe la liberté. Pour moi, j'ai foi dans la liberté parce que j'ai foi dans l'Église et je pense que la victoire et le rayonnement de l'Église sur le monde et le triomphe de la liberté seront une seule et même chose. A ceux donc qui partagent mes croyances religieuses et qui doutent de l'avenir de la liberté, il me suffit de dire que l'Église catholique n'a pas achevé sa course. Elle n'a pas encore récolté toutes les moissons qui lui ont été promises et la liberté est nécessaire à sa mission.

La civilisation européenne traverse, en ce moment même, une crise redoutable. Il faut en pénétrer le sens afin d'e saisir les desseins de Dieu sur nous. Car la politique n'est pas autre chose que l'art de servir les desseins de Dieu sur le monde.

Le pouvoir se déplace : cela est manifeste. Il ne repose plus, d'une manière durable, dans les mains qui le possédaient, qui l'exerçaient jusqu'ici. Il est pris et repris tour à tour. A qui appartiendra-t-il en définitive ? Personne ne doute de l'issue de la lutte. Tout le monde répète, les uns avec joie, les autres avec tristesse, cette formule qui est tombée un jour de la bouche d'un philosophe : « *La démocratie coule à pleins bords.* »

Ne méprisons pas les races barbares qui ont arraché un jour aux Romains le gouvernement du monde ; souvenons-nous de leur gloire et non de leur faiblesse. Mais l'initiative est comme le sceptre des rois : malheur à ceux qui le laissent tomber de leurs mains !

Or il est arrivé ceci : les philosophes et les révolutionnaires ont surpris les royautés et les aristocraties pendant leur sommeil et leur ont enlevé l'initiative. Cette initiative ravie par eux leur a donné l'ascendant et la puissance de l'avenir. En même temps, la haine de l'Église qu'ils ont méconnue et l'oubli du christianisme en ont fait les marteaux, les fléaux de Dieu destinés à purifier la terre.

Mais voici une loi admirable. Ceux qui mènent le monde, ceux qui sont investis de l'autorité morale ou politique peuvent bien fausser leur mission, mais il ne leur est pas donné de l'anéantir ou de l'étouffer ; de sorte que la vérité qu'ils étaient chargés de proclamer éclate toujours par quelque côté. Elle s'échappe pour ainsi dire de leurs mains lorsqu'ils voudraient la retenir captive.

Ainsi, lorsque Jésus-Christ comparut devant le grand prêtre, celui-ci l'adjura de déclarer s'il était vraiment le

Christ, le Fils de Dieu (1). Jésus répondit : « Vous le dites. » Alors le grand prêtre déchira ses vêtements.... Par là il montrait symboliquement que le sacerdoce de l'ancienne loi était fini. Mais « Caïphe était celui qui « avait fait entendre aux Juifs qu'il était utile qu'un seul « mourût pour la nation (2). » En disant qu'il était utile que Jésus mourût pour la nation, il déclarait, en réalité, qu'il était le Messie. Car Jésus était le seul qui pût sauver le peuple et le genre humain tout entier par sa mort.

Pilate aussi, au nom du monde païen qu'il représentait, reconnut en Jésus-Christ le Messie. Car il lui donna son nom : « Jésus de Nazareth, roi des Juifs. » Il voulut que ce titre fût inscrit sur le bois du supplice, et il le maintint malgré les réclamations des prêtres.

Ainsi ont fait les philosophes du xviii⁰ siècle. Ils ont proclamé le règne de la Raison et l'affranchissement de l'esprit humain; « mais Jésus-Christ, le Fils unique, le « premier-né de Dieu, est la souveraine Raison dont « tout le genre humain participe (3). » Et il a dit de lui-même qu'il était la vérité qui nous délivrera. Ils ont donc annoncé sans le savoir et sans le vouloir le règne de Celui qu'ils méconnaissaient.

Ainsi ont fait les révolutionnaires. Héritiers audacieux des philosophes, ils ont bien pu fausser une des plus belles lois de l'ordre moral; mais cette loi qu'ils ont invoquée sans la comprendre sera plus forte qu'eux. Elle les dominera et elle les conduira, ou plutôt elle conduira l'humanité bien loin du but qu'ils lui avaient proposé.

(1) S. Mathieu, ch. xxvi.
(2) S. Jean, ch. xviii, ⁊. 14.
(3) Auguste Nicolas.

Révolution est un terme emprunté à la langue des astronomes. Il signifie retour d'un astre à son point de départ. Ainsi, à moins de fausser le langage, cette expression, transportée dans l'ordre politique, indique le courant providentiel qui entraîne la société vers son but, en la ramenant à son point de départ, c'est-à-dire vers cette alliance primitive qui existait entre l'homme et Dieu (1). Les révolutionnaires ont donc proclamé la loi de l'histoire sans la comprendre. Et leur religion est le dogme d'un progrès *circulaire;* ce qui implique le péche originel et la nécessité d'une réparation.

Le mouvement des sociétés modernes qu'on a appelé la Révolution trahira ceux qui l'ont servi, ou plutôt ceux-ci seront rejetés, parce qu'ils ont voulu fausser et corrompre une des évolutions les plus profondes et les plus radicales de l'humanité, évolution tellement importante qu'aucun nom particulier ne peut la désigner et la caractériser. Son nom est la loi même de l'histoire, qu'elle est chargée d'accomplir d'une manière solennelle.

Pour la seconde fois, la Révolution s'efface devant un homme auquel elle est forcée de remettre ses pouvoirs. Or, écoutez ce que dit le second Napoléon, représentant comme son prédécesseur de la démocratie européenne : « Il s'agit, dit-il, de consacrer l'alliance de la « religion et de la liberté (1). »

Mais l'alliance de la religion et de la liberté, c'est

(1) « La mission de Jésus-Christ, disent MM. de Mérode et de Beau-« fort (*De l'Esprit de vie et de l'esprit de mort*), a pour objet la réparation « complete de l'ordre social et non une réparation partielle de cet « ordre. » Cette réparation est la loi de l'histoire.

(2) Lettre du 20 mai 1852.



2

l'alliance de l'homme avec Dieu. C'est là, en effet, le terme de la Révolution.

Déjà un homme illustre avait dit ceci : « La Révolution « a commencé par la déclaration des droits de l'homme; « elle finira par la déclaration des droits de Dieu. »

Les époques où cette alliance nécessaire s'est établie ou s'est renouée sont les grandes époques, les points lumineux de la vie de l'humanité sur lesquels rejaillit avec plus d'éclat le sacrifice du Calvaire.

Nous touchons à une de ces époques solennelles.

La démocratie est l'humanité même pénétrée dans sa masse et jusque dans ses couches les plus profondes par la flamme de la civilisation. On ne pourra plus dire désormais : « *Humanum paucis vivit genus* (1). » L'humanité ne vit plus dans des aristocraties, dans des races dominantes et privilégiées. Elle vit de sa vie propre; elle intervient dans ses affaires; elle règle elle-même ses destinées; de sorte que l'alliance de la religion et de la liberté sera véritablement l'alliance de l'homme avec Dieu.

Voilà ce qui est contenu dans la question romaine.

Cette question n'est autre que le côté religieux d'une crise immense qui n'est pas même bornée à l'Europe; car c'est un caractère particulier et bien remarquable de notre temps, que même les peuples et les races restés en dehors de la civilisation chrétienne semblent participer de quelque manière à la crise qu'elle subit.

Le monde tremble sur ses deux pôles, Rome et Constantinople.

Je ne sais quel souffle précurseur de l'avenir, comme ces brises qui annoncent au navigateur l'approche de la

(1) Lucain, *Pharsal.*

terre, court sur le monde et secoue jusqu'aux civilisations pétrifiées de l'Asie.

Aussi, jamais le problème que contient la question romaine n'avait été posé dans d'aussi vastes proportions.

Lorsque, après trois siècles de persécutions, Constantin reconnut le Dieu des chrétiens, à ce moment, pour la première fois, depuis le mont Sinaï, l'humanité, la société humaine fit alliance avec Dieu. Et la grandeur de cet événement paraît bien par l'impression profonde qu'il a laissée dans la mémoire des hommes. Le peuple romain représentait bien l'humanité, mais il la représentait en l'écrasant ; ce n'était donc pas encore l'alliance de la religion et de la liberté.

Lorsque plus tard les barbares pénétrant dans l'enceinte de la cité, ravirent sa gloire au peuple romain et s'enveloppèrent de sa majesté, il y eut aussi un moment mémorable où ils firent alliance avec l'Église. Ils avaient préservé la chrétienté des flots envahissants de l'islamisme. Et un jour, le plus grand d'entre eux, celui dont la grandeur a pénétré le nom, comme a dit Montesquieu, après avoir délivré le souverain pontife, humilia son front devant le trône de Pierre et se releva empereur d'Occident. Ce fut une seconde alliance plus intime, je dirais volontiers plus cordiale que la première. L'histoire a montré ce qu'elle valait par l'éclat et la durée de cette création singulière qui a été le saint-empire romain.

Les barbares représentaient aussi l'humanité ; mais ils la représentaient comme une aristocratie représente un peuple assujetti. Ce n'était pas encore l'alliance de la religion et de la liberté.

Enfin, lorsqu'au commencement de ce siècle, l'empereur Napoléon Ier, vengeur de la gloire romaine, Italien par la race et par le génie, chef de la démocratie européenne qu'il représentait d'une manière éminente, puisqu'elle est en même temps l'explosion de la liberté humaine et, par certains côtés, une sorte de réaction de la civilisation romaine contre la féodalité barbare; lorsque cet homme qui paraissait l'élu de Dieu, le fondateur du nouveau monde, élevait dans son audace la cité nouvelle sur les ruines du passé, il voulut, lui aussi, faire alliance avec l'Église. Et le souverain pontife n'attendit pas le héros dans sa basilique comme son prédécesseur avait attendu Charlemagne. Il traversa les monts, il courut au-devant de lui et il l'embrassa. On eût dit qu'il était pressé de bénir ce peuple qui se ressouvenait de sa gloire et qu'il voulait se hâter de lui rendre le titre de fils aîné de l'Église.

Certes, ce fut un moment solennel.

L'empereur Napoléon Ier représentait bien la démocratie; il lui ouvrait l'avenir; il la couvrait de gloire. Il faisait des fils de paysans des maréchaux; et de ses maréchaux il faisait des princes et des rois. Et quand il parlait à ses soldats, il y avait dans ces dialogues je ne sais quelle égalité sublime d'une saveur nouvelle et inconnue jusqu'ici dans les rapports sociaux. On sent en les écoutant qu'une révolution morale a passé sur le monde et que l'homme qui savait parler ainsi en avait compris la grandeur et la portée.

Il était donc bien le représentant de la démocratie.

Et cependant l'alliance de ce soldat victorieux avec l'Église n'était pas encore l'alliance de la religion et de la liberté.

La liberté n'avait pas encore pleinement conscience
d'elle-même. La question de principes soulevée par la
révolution française divisait encore l'esprit humain. La
controverse allait se continuer sur les champs de bataille
de l'Europe ; et soixante années de luttes, de révolutions,
d'insurrections et de réactions sanglantes ne l'ont pas
terminée.

Mais du moins l'issue de la lutte n'est plus douteuse.
Aujourd'hui il n'est plus possible de fixer les destinées
des peuples sans leur concours. L'opinion est souveraine. Ce géant couché longtemps sur le sol comme le
lion (a guisa del leone) se lève lentement ; mais déjà il
mesure l'espace de son regard et il est visible qu'il s'ap-
prête à remplir la scène de l'histoire.

C'est l'heure de la liberté.

Il y avait à Sainte-Hélène quatre commissaires européens, représentant les royautés de l'Europe. L'empereur était bien gardé... Le grand Océan s'étendait de
toutes parts autour de lui et l'Océan était surveillé par les
flottes de son implacable ennemie. Sir Hudson Lowe « ne
« connaissait pas, disait-il, une telle chose qu'un empe-
« reur à Sainte-Hélène. » Mais on ne pouvait effacer
l'histoire ; et si on refusait à ce soldat vaincu le titre qu'il
avait conquis par son épée, comment lui enlever son
nom et sa parole ? Or avec sa parole il allait reconquérir
le monde plus pleinement qu'il ne l'avait jamais dominé.

Et Sainte-Hélène lui était nécessaire pour rendre à sa
parole son prestige et son autorité. C'est ainsi que ses
ennemis ont servi sa gloire et préservé eux-mêmes sa
mission. Si la haine de l'Angleterre avait été plus clair-

voyante, elle aurait facilité, elle aurait favorisé son passage en Amérique.

Quelle imprudence! elle lui enlevait ses armes, ses richesses, ses titres dont il n'avait plus que faire et elle lui créait elle-même une tribune du haut de laquelle sa parole, grandie mille fois par l'adversité, allait retentir sur le monde. Quel tribun ! et quelle tribune !

Les philosophes du XVIIIᵉ siècle ont inauguré une chose nouvelle, le gouvernement du monde par la parole. C'est le seul gouvernement qui suffise désormais aux conditions nouvelles de l'humanité ; il répond à la souveraineté de l'opinion et il grandit avec elle.

Aussi, voyez comme Napoléon grandit à Sainte-Hélène! N'ayant plus d'autre arme que la parole, il est plus puissant qu'à la tête de ses armées ; et un jour, lorsque le temps de l'épreuve et de l'expiation est accompli, le trône qu'il avait élevé de ses mains victorieuses se rétablit de lui-même pour l'héritier de son nom et de sa pensée.

Napoléon, à Sainte-Hélène, proclame la liberté! Il se déclare le représentant de la cause des peuples. Il affirme que la persécution qu'il souffre achève de faire de lui le messie des idées nouvelles ; et son successeur annonce au monde qu'il s'agit de consacrer l'alliance de la religion et de la liberté.

C'est là en effet l'œuvre du XIXᵉ siècle.

Ce sera le nom du monde nouveau, de l'édifice auguste qui s'élève laborieusement dans le sang et les larmes des peuples. Chacun de nous doit y apporter sa pierre selon ses forces. Chaque peuple est convoqué. La torche ardente qui éclaire la route de l'humanité passe de main en main.

Deux fois l'initiative est offerte à l'Italie ; la première fois par Pie IX, puis par l'empereur Napoléon III. Et voici que la gloire que l'Italie a refusée est donnée à la Pologne.

Là s'agite aujourd'hui, dans toute sa grandeur, la question du XIX<sup>e</sup> siècle. Là il s'agit en même temps de la religion et de la liberté. C'est le calvaire du nouveau monde. Ce peuple est abandonné ; il est écrasé par une politique impitoyable ; mais Dieu est avec lui. Il a fait alliance avec le Dieu des armées ; c'est pourquoi il ne périra pas.

Il arrive rarement qu'un siècle porte plusieurs problèmes. Quand il résout celui qui lui est proposé, c'est assez pour sa gloire.

La question qui trouble le monde aujourd'hui est la question de la liberté. Elle a été posée par le XVIII<sup>e</sup> siècle, puis par la révolution française. Tout à l'heure c'était la question romaine. Aujourd'hui le problème du XIX<sup>e</sup> siècle est tout entier en Pologne. Si les mains des Polonais ne se lassent pas, s'ils peuvent tenir encore quelques jours au-dessus de leurs têtes l'étendard de la liberté, l'Europe comprendra que cet étendard est le sien ; qu'il s'agit d'elle-même en Pologne et qu'elle ne peut pas abandonner cette nation sans s'abandonner elle-même. Ce jour-là elle aura franchi la limite précise qui sépare le passé des temps nouveaux ; elle sera entrée définitivement dans la voie qui lui est proposée ; elle aura affirmé la liberté dans la solidarité ; elle aura nommé le monde nouveau.

C'est donc le moment de définir, avec plus de précision ce que c'est que la liberté, car la lumière est nécessaire à son triomphe.

# III



**De la liberté politique. — Théorie de la souveraineté.**

La révolution française, en posant la question de la liberté politique, a posé par cela même la question de la souveraineté. Et en posant la question de la souveraineté, elle a posé la question de la vie ; car la société humaine ne se conserve et ne se développe que par la souveraineté qui la forme et la détermine.

Les lois de la souveraineté sont donc semblables aux lois de la vie ; elles les imitent. Or, nous ne connaissons les lois de la vie que par la révélation. Nous les connaissons comme nous connaissons Dieu, sans le comprendre ; car la vie est un mystère dont il s'est réservé le secret.

Mais le mystère de la Trinité divine nous fait connaître, dans une certaine mesure, le mystère de la vie.

Toute vie se manifeste et se développe suivant le mode trinitaire. Appliquons donc à la vie des sociétés la loi unique qui est la loi de la vie universelle organique ou inorganique (1).

Nous savons que Dieu est Père, Fils et Esprit. Le Père engendre le Fils qui est le caractère de sa substance, son image éternelle, la splendeur de sa lumière. Et l'Es-

----

(1) M. Pradié a développé cette loi avec une grande hauteur de vue dans son livre : *le Philosophe, ou du Cosmos divin.* Voir surtout le ch. **v**.

prit procède du Père et du Fils. Il exprime leur relation qui est un amour et un accord infinis.

Si, à la lumière de ce mystère, nous observons le mouvement, le jeu de la vie d'une nation, nous voyons qu'il lui est impossible de vivre, il est même impossible de la concevoir sans un gouvernement quelconque. Nous voyons que ce gouvernement a d'autant plus de force et d'autorité qu'il exprime plus fidèlement le caractère et le génie de la nation. Il agit alors avec une puissance incontestée et victorieuse ; il agit souverainement ; il porte d'une manière éminente le caractère de la souveraineté. Si ce gouvernement a la forme monarchique, la souveraineté est encore plus éclatante. Alors on voit clairement dans l'État deux personnes souveraines : le peuple et le roi ; et la seconde est engendrée par la première.

Le peuple engendre le roi du fond de lui-même ; car le secret de la puissance et de l'élévation du roi vient de ce qu'il s'est identifié avec les instincts les plus profonds du peuple. Alors le peuple se reconnaît en lui et il lui dit, comme les Juifs à Josué : « Marche devant nous et « sois un homme. »

Le roi et le peuple aspirent le ministre qui est leur esprit et qui constate leur accord sous une forme saisissable. Voilà donc dans l'État trois personnes souveraines : le peuple, le roi, le ministre.

Le peuple possède la souveraineté ; car s'il ne possédait pas la souveraineté, comment pourrait-il accomplir sa mission ? Comment pourrait-il en surveiller l'exécution ? Comment serait-il responsable ? Si le peuple ne possédait pas la souveraineté, comme la souveraineté est la forme de la nation, comme elle l'enveloppe et la figure

et en réalité la fait être, et que toute vie politique est
une participation quelconque à la souveraineté, il en ré-
sulterait que la nation serait uniquement dans le roi ; ce
qui est absurde. Ç'a été l'erreur de Louis XIV. Il a dit :
« L'État, c'est moi. » Il se trompait. Il était bien l'État dans
un certain sens ; mais, à lui seul, il n'était pas l'État ; car,
à lui seul, il n'était pas la nation française.

Il est vrai que le peuple, au moment de la formation
du pouvoir, a délégué la souveraineté au roi ; mais il n'en
résulte pas qu'il l'ait perdue (1). On se tromperait si l'on
considérait comme une règle générale et absolue cette
proposition qui est vraie dans un certain ordre de faits, à
savoir qu'on ne peut donner sans perdre ce qu'on a donné.

Apparemment Dieu, qui a donné l'existence à tout ce
qui vit, n'a pas perdu ce qu'il a donné, ou plutôt ce qu'il
a communiqué dans une certaine mesure.

Celui qui donne sa parole et son génie aux hommes
n'est pas appauvri par le don qu'il fait.

(1) Suarez le reconnaît : « Car, dit-il, ce que Bellarmin a dit du peuple
« d'après Navare, savoir que le peuple ne transfère jamais sa puissance
« au prince sans la retenir *in habitu*, pour pouvoir en user dans certains
« cas, ce n'est point une contradiction et cela ne fournit point au peuple
« un fondement pour revendiquer à son gré la liberté. Bellarmin n'a pas
« dit simplement que le peuple garde le pouvoir *in habitu* pour faire à
« son caprice tout ce qu'il voudra et autant de fois qu'il lui plaira ; mais
« il a dit avec beaucoup de réserve et de circonspection . en certains
« cas, *in certis casibus*. Et ces cas doivent être entendus selon les con-
« ditions constitutives de la société et selon les exigences de la justice
« naturelle. »                    (Suarez, *Defensio fidei*, lib. III, ch. iii.)

Spédalieri considère aussi le droit de résistance comme une portion
de souveraineté incommunicable, et qui reste inhérente au corps entier
de la nation.          (L'abbé Godard, *les Principes de 89 et la Doctrine
catholique*, édit. corr., p. 76.)

Le feu qui se communique n'est pas diminué ; au contraire, il augmente d'intensité.

Ainsi le peuple peut déléguer la souveraineté sans la perdre. Il ne s'appauvrit pas par cette délégation ; car c'est la forme de sa vie, la condition de son existence. Après cette délégation il n'est pas moins qu'avant, puisqu'il *n'est* que par elle.

La souveraineté qui vient de Dieu, qui n'appartient en propre ni au peuple, ni au roi, repose donc en même temps sur le peuple, sur le roi et sur le ministre. Elle ne déserte pas le premier tèrme pour se porter exclusivement sur le second ; elle n'abandonne pas ensuite les deux premiers termes pour investir uniquement le troisième. Elle les enveloppe et les embrasse tous les trois et les unit dans le même être, qui est la nation ou l'État.

Du reste l'idée de la délégation n'est pas rigoureusement exacte ; car cette puissance qui est la souveraineté agit d'après ses propres lois. Elle investit d'elle-même le chef élu ou accepté par le peuple. De même qu'elle réside dans le peuple sans lui appartenir, de même il semble qu'elle se communique au chef élu par une loi supérieure au peuple et qui est la loi même de la vie.

Dans tous les cas elle n'est pas dans la main du peuple comme un objet qu'il puisse donner et reprendre selon son caprice.

La souveraineté n'est pas une chose qu'on manie à son gré. Lorsqu'elle a imprimé son caractère sur la personne royale, l'œuvre est faite. C'est une création divine. Car c'est par ce fait que la nation est ; puisque sans la formation du pouvoir, il n'y a pas de nation, et l'on ne peut pas même en avoir l'idée.

Ainsi le roi est réellement, véritablement souverain , il n'est pas un simple mandataire ; il n'est pas simplement le premier magistrat, le premier fonctionnaire de l'État ; il est souverain ; c'est pour cela qu'il a droit de vie et de mort. Il est juge ; et la justice se rend en son nom. Il est responsable, mais non envers le peuple ; car il est l'égal du peuple. Et parce qu'il est souverain, le peuple n'a pas le droit de le juger. Il n'a pas sur lui un droit de haute justice. Mais il est responsable de la mission nationale, et s'il trahit cette mission, si le salut public est en péril, le peuple a contre lui le droit de guerre, comme envers toute autre souveraineté étrangère (1).

Le roi est ou doit être l'image, l'expression vivante du peuple. C'est par lui que le peuple se connaît et fait connaître ce qu'il est. C'est par lui qu'il parle aux nations ; et pour tout dire en un mot, il est réellement le Verbe du peuple.

Mais cela ne suffit pas pour expliquer la vie de la nation ou de l'État, ce que les anciens appelaient *civitas*. Le peuple, qui est le principe de l'État, ne devient pas muet, il n'abdique pas, il ne donne pas sa démission après avoir affermi le roi qui est son Verbe. Il vit nonseulement de la vie civile, de la vie religieuse, de la vie morale ; il vit en tant que nation. Il vit de la vie poli-

(1) « Si le peuple a le droit de se pourvoir lui-même d'un chef, il a aussi celui de le renverser ou de refréner sa puissance, s'il abuse tyranniquement de l'autorité suprême. Et qu'on ne s'imagine point que ce peuple manque au devoir de la fidélité en destituant le tyran, alors même qu'auparavant il se serait soumis à ce dernier pour jamais ; non, et la raison en est que le tyran infidèle à ses obligations dans le gouvernement a mérité lui-même que ses sujets lui arrachent le pacte des mains. »
(S. Thomas, *de Reg. princ.*, lib. I, c. VI, p. 316.)

tique. Il vit et par conséquent il agit et il parle. Il parle
au roi....; les assemblées nationales ne sont pas toujours
l'expression exacte ou complète de la parole publique.
Il y a une voix plus intime, indépendante de tous les
organes légaux ou officiels, quelquefois éclatante, le
plus souvent cachée, mystérieuse, presque insaisissable.
Elle s'élève des chaumières et des villes, et elle monte
jusqu'au trône. Le roi juste et habile écoute ce murmure
et lui répond. Il cède ou il résiste, selon les cas. Car la
souveraineté n'est donnée au peuple et au roi que pour la
justice à laquelle ils doivent obéir l'un et l'autre. Ainsi
s'établit entre le roi et le peuple une harmonie éclatante
qui fait vibrer et retentir la vie nationale. Alors la nation
se sent forte et elle défie ses ennemis.

Mais cet accord du roi et du peuple doit être visible. Il
lui faut une expression tangible, manifeste, afin que le
peuple soit assuré qu'il existe. Le ministre est l'expression, la preuve vivante de l'accord du roi et du peuple. Il
tient de l'un et de l'autre. Il est, ou, du moins, il représente la troisième personne souveraine de l'État. Je ne
prétends pas dire cependant que la souveraineté soit
aussi visible dans le ministre que dans les deux autres
termes. Elle y est plutôt à l'état de vestige; elle passe sur
lui sans se fixer; mais elle est encore reconnaissable.
Le ministre n'est pas seulement le serviteur du roi,
l'exécuteur de ses ordres; il est associé momentanément
à la souveraineté et il l'exerce réellement. C'est le seul
homme du royaume qui puisse refuser son concours au
roi et rester son ami. Dans l'ordre de la pensée, il traite
d'égal à égal avec lui; et il n'offense pas la majesté
royale en discutant les conditions de son concours. Et il

faut bien qu'il en soit ainsi ; car, devant la nation, devant l'histoire et devant la postérité, il est responsable de la politique royale. Et il porte cette responsabilité morale sans qu'aucune loi puisse l'en affranchir. Il n'en est pas de même des autres fonctionnaires de l'État. Ils n'ont pas été initiés aux secrets de la politique royale. Ils exécutent des ordres dont ils ne connaissent pas toujours ni la portée ni le mobile. Ils peuvent servir loyalement une politique qu'ils ne comprennent pas. Ils n'en sont pas nécessairement responsables. Mais le ministre est responsable.

Il ne faut donc pas affirmer la souveraineté du peuple et nier la souveraineté royale ; c'est contredire les lois de la vie et provoquer l'anarchie.

Il ne faut pas non plus affirmer la souveraineté royale et nier la souveraineté du peuple. C'est contredire d'une autre manière les lois de la vie. Car si le peuple n'est pas souverain, comme son action et sa vie politique ne sont possibles que par la souveraineté, il n'existe plus comme peuple. Ce n'est plus qu'une poussière d'individus sans volonté, sans aspirations nationales. Le peuple est effacé ; mais si le peuple disparaît, il n'y a plus de roi. Un chef commandant à une multitude est un fait considérable ; mais il ne représente pas cet être moral qu'on appelle une nation, qui a son génie propre, ses traditions, dans lequel vit une idée profonde qui est la trame de ses destinées, sa mission et sa raison d'être.

Louis XIV a dit : « L'État, c'est moi, » cette parole était un suicide. C'était le suicide de la monarchie.

En niant le peuple il se niait lui-même.

La Convention a répondu par le meurtre de Louis XVI. Ce meurtre fut également un suicide. Car en se constituant juge de Louis XVI, la Convention niait la souveraineté royale, et elle contredisait la vie.

La France flottait sur le vide. Les éléments de la société se heurtaient dans le chaos d'où allait sortir une création nouvelle. Alors la Providence se servit d'un soldat pour refaire la nation. Napoléon a joué ce rôle merveilleux : c'est une gloire qui ne peut lui être enlevée.

Les nations formées par la souveraineté, organes de la souveraineté, rencontrent l'individu et elles lui doivent la liberté. Elles constituent à son égard ce secours extérieur et divin qu'on appelle l'autorité, et sans lequel la liberté de l'individu n'est pas possible.

L'autorité ne repose pas sur le peuple à l'égard du roi, ni sur le roi à l'égard du peuple ; elle repose en même temps sur le roi et sur le peuple, et c'est l'accord du roi et du peuple qui la manifeste à l'égard de l'individu (1). Lorsque cet accord n'existe plus, l'autorité est incertaine.

(1) Saint Thomas dit : « Puisque la loi gouverne pour le bien commun, « il n'appartient pas à la raison individuelle de faire la loi, mais à la « raison du peuple ou de ses représentants. La fin étant propre à tous, « tous ont le droit de régler ce qui la prépare. »

(Billuart, *de Legibus*, dissert. I, art. 3.)

(1) « La puissance législative, qui est une part de la souveraineté, « réside *ex sola rei natura*, non dans aucun individu en particu- « lier, mais dans la collection d'hommes qui forme la communauté. »

(Suarez, *de Legibus*, lib. III, c. III, n° 3.)

De là le vieux proverbe de nos premières assemblées nationales : *Lex fit consensu populi et constitutione regis*.

Billuart résume ainsi cette doctrine : « La communauté prise collec- « tivement, comme formant un corps, est supérieure à la communauté « prise distributivement dans chacun de ses membres. »

(Billuart cité par M. l'abbé Léon Godard : *les Principes de 89 et la doctrine catholique*, p. 109.)

Elle n'est plus manifestée humainement ; elle remonte à sa source divine. La guerre éclate, et alors ou cette division détruit la nation, ou après de douloureuses vicissitudes l'ordre se rétablit, et l'autorité descend de nouveau du ciel où elle s'était réfugiée.

L'autorité n'est donc pas opposée à la liberté comme on affecte de le dire aujourd'hui. Car premièrement elle est, à coup sûr, l'unique sauvegarde de la liberté civile ; et quant à la liberté politique, qui est l'accord de la souveraineté populaire et de la souveraineté royale, elle est l'autorité même. A toutes les époques les lois furent consenties par les peuples ou par une classe de citoyens qui représentait le peuple, ou enfin il y avait quelque simulacre de ce consentement, comme était par exemple, sous l'ancien régime en France, l'enregistrement des édits par les parlements. Lorsque cet accord n'existe plus, il peut y avoir encore un pouvoir qu'il faut respecter quelquefois de peur d'un plus grand mal, et parce qu'il maintient encore quelque lambeau d'ordre social ; mais ce pouvoir que l'on subit, parce que l'on ne peut ni le renverser ni le réformer, tient plutôt la place de l'autorité qu'il n'est l'autorité elle-même dans sa majesté et sa justice.

La force matérielle peut bien opprimer la liberté ; mais l'autorité ne peut pas le faire. Car lorsqu'un pouvoir légitime dans son origine vient à opprimer la liberté, il change de nature et ne représente plus l'autorité. L'autorité n'est donc pas opposée à la liberté.

# IV

**La Pologne.**

La loi de la souveraineté est la règle des constitutions qui sont plus ou moins parfaites selon qu'elles l'expriment avec plus ou moins d'exactitude.

Cette loi éclate dans les crises des nations.

Mais au-dessus d'elles il y a également une loi qui règle leurs rapports, c'est la loi de la solidarité. Saint Paul l'annonce d'une manière solennelle. « Les nations « sont cohéritières, dit-il ; elles sont les organes d'un « même corps et solidaires dans la promesse du Christ. « — Mystère du Christ, dit l'Apôtre, ignoré des généra- « tions précédentes, aujourd'hui révélé. » (Saint Paul, Ephes., III.)

Un peuple s'est rencontré dont la destinée était de faire éclater cette loi sublime. Ce peuple est la Pologne. Tout le monde l'a nommé le peuple martyr ; martyr veut dire témoin. Et quel est son témoignage ? L'objet de son témoignage est précisément le principe de la solidarité des nations chrétiennes. Il est tombé par l'oubli de cette loi de la part de l'Europe; il la fera éclater en se relevant.

Cette idée est la trame de son histoire; elle est sa vocation et sa raison d'être.

La Pologne a pu commettre des fautes envers elle-même, dans sa vie intérieure; mais dans son action extérieure elle a été admirable. Son abnégation est sans limites, son dévoûment sublime. Les services qu'elle a rendus, qu'elle rend encore à l'Europe sont inappréciables. « Elle a sauvé l'unité de l'Europe. Il faut rappeler « à l'Europe la docilité admirable dont elle fit preuve, « lorsque, sous Étienne Bathory, sur un désir du saint-« siége, elle s'arrêta dans ses victoires et négligea d'a-« chever la défaite de la Russie, de peur d'éloigner « irrévocablement les schismatiques et de nuire aux « espérances de l'unité. Elle est aujourd'hui la pierre « d'achoppement du panslavisme (1). » Tel est ce peuple qu'une partie de l'Europe sauvée par lui laissait périr pendant que l'autre partie l'assassinait. Et l'Autriche qui a vu venir Sobieski à son secours, maintient en servitude, pour sa part, ce peuple qui l'a délivré. Qui donc s'étonne que le sol tremble sous nos pas?

Mais on me dit que Marie-Thérèse a signé en pleurant le partage de la Pologne. Ah! je déteste ces pleurs. Si la pitié elle-même trahit, en quoi donc pourrai-je me confier?

La voilà donc cette grande nation qui, dans les périls de l'Europe, n'a jamais su qu'une chose : s'oublier et se jeter en avant pour le salut commun! la voilà écrasée dans son sang, insultée dans son honneur et dans sa foi,

______

(1) *La Pologne et l'Europe*, par George Seigneur.

mourant sur les champs de bataille! voilà ce que l'Europe en a fait!

Dans cette crise suprême il se trouve qu'un de ses enfants (1) lui a parlé ainsi : « L'Occident nous abandonne, « nous n'avons plus rien à en espérer. Retournons vers la « Russie; faisons taire nos griefs contre elle et la victoire « de la race slave dans le monde sera notre vengeance! » Mais la Pologne lui a répondu, en se rappelant à elle-même et en rappelant à l'Europe sa noble devise : « Pour « notre liberté et pour la vôtre! »

Elle s'est levée, comme elle a fait dans tant d'autres circonstances mémorables, elle s'est levée pour sa liberté et pour la nôtre.

Un jour le czar Alexandre lui a dit : « Pas de rêveries, « ce que mon père a fait est bien fait. » Mais la Pologne malgré la défense de son maître a continué à rêver : elle a rêvé de sa liberté; elle a rêvé du réveil et du secours de l'Occident; elle a rêvé de la justice! Puis elle a dit son rêve, elle a dit son espérance dans les temples du Dieu vivant. Ses fils et ses filles tombaient sous le fer homicide; et elle continuait à rêver. Et un jour, afin qu'on ne pùt pas croire qu'elle renonçait à ce rêve, elle a pris les armes. Et demain ce rêve sublime sera la réalité et il aura changé la face du monde.

O peuple libérateur, tu portes en ce moment les destinées de l'Europe. Tu sauves sa liberté; tu la défends contre des périls d'autant plus graves qu'ils sont moins clairement aperçus.

Ne te lasse pas, noble Pologne! Regarde à l'horizon

_________

(1) Le marquis Wielopolski.

l'aurore des siècles nouveaux. Ils projettent déjà sur toi l'éclat de leur gloire. Ta liberté est proche, et ta gloire grandira d'heure en heure. Tu as inauguré dans le monde une force nouvelle. *Gentes mutabunt fortitudinem.* Par là tu as conquis l'avenir.

Écoutez comment les sages de ce peuple lui ont parlé; écoutez les paroles de son poëte (1).

« Le poids du sacrifice peut seul écraser à son tour le
« sort qui nous écrase. Dans l'histoire du monde le sacri-
« fice est un lion invincible; mais le crime, c'est la ba-
« layure que le vent emporte en passant. . . . . . .

. . . . . . . . . . . . . . . . . . . .

« Les nations sont voulues de Dieu et sont conçues
« dans votre grâce, ô Jésus-Christ !

« A chacune d'elles vous avez donné d'en haut une
« vocation.

« En chacune d'elles vit une idée profonde qui vient
« de vous, qui est la trame de ses destinées.

« Mais parmi les nations il y en a qui sont élues pour
« défendre sur la terre la cause de la beauté céleste, et
« pour donner au monde un évangélique exemple en
« portant pendant de longs jours leur lourde croix, sur
« la route inondée de sang,... jusqu'à ce que, par une
« lutte sublime, elles aient donné aux hommes une idée
« plus divine, ô Seigneur! une charité plus sainte, *une*
« *plus large fraternité,* en échange du glaive qu'on a
« plongé dans leur poitrine. Telle est votre Pologne, ô
« Jésus-Christ! »

C'est ainsi qu'on parlait à la Pologne dans ses souf-

(1) Krasinski.

frances ; c'est ainsi qu'elle agissait. Et maintenant ces trésors accumulés de patience, de douceur angélique, de sacrifices, de dévoûment, de services rendus planent sur l'Europe comme un nuage qui porte la foudre. Le sang versé crie vers le Dieu tout-puissant et ce cri victorieux fait éclater la parole de l'Apôtre des nations. « Les « nations sont cohéritières ; elles sont les organes d'un « même corps, et solidaires dans la promesse du Christ.»

Les cris de détresse des opprimés, de l'Irlande, de la Pologne, de l'Orient ne retentissent plus vainement sur la terre. Les puissants les entendent et ils se recueillent en face d'une chose nouvelle qui les rend attentifs. Une voix qui est comme l'écho de l'avenir arrive jusqu'à eux et leur parle de réparations grandioses, de liberté et de justice.

Les nations tressaillent. Le sang versé trouble les persécuteurs. Déjà les peuples qui n'ont pas trempé leurs mains dans le sang de la Pologne, complices mais non auteurs du partage, cherchent à se dégager de la solidarité du crime et invoquent la justice. Ils semblent répéter aux peuples de la Russie, de l'Autriche et de la Prusse cette parole de Siéyès à l'Assemblée constituante : « Vous voulez être libres et vous ne savez pas être « justes. »

Si une voix partie de la foule pouvait s'élever jusqu'au trône de l'empereur Napoléon III, voici ce que je lui dirais :

« Prince, l'heure des grandes solutions a sonné pour « l'Europe. Toutes les questions sont posées en même « temps : la question de la Pologne, la question d'Orient, « la question romaine. Toutes ces solutions sont urgen-

« tes. Tout délai aggrave le mal. Une ère nouvelle s'ou-
« vre devant nos pas. Il faut y entrer hardiment. Dieu
« nous laisse libres ; mais il nous sollicite d'une manière
« presque invincible par le martyre des peuples. Et en
« même temps qu'il nous attire dans cette voie, il nous
« ferme toute autre issue.

« Les guerres de conquêtes, les guerres de domina-
« tions, ne sont plus possibles, au moins pour les races
« généreuses de l'Occident européen. L'empereur Napo-
« léon Ier a poussé à bout ce genre de gloire qui s'ac-
« quiert par les armes. *J'en avais fait litière*, disait-il. *Il
« a rendu terne toute gloire passée, et impossible toute gloire
« à venir* (1). Il n'y a plus rien à faire dans cet ordre ;
« mais il y a encore quelque chose à faire en politique.
« Et ce qui est à faire est très-grand et en même temps
« nécessaire.

« Il faut réaliser la parole du prophète : *Constitue le-
« gislatorem super eos ut sciant quia homines sunt.* Il faut
« rappeler aux hommes leur dignité d'hommes et la faire
« respecter. Il faut confondre la politique avec la jus-
« tice. De cette idée sortiront comme d'elles-mêmes les
« résolutions les plus simples, *les plus pratiques*, les plus
« fécondes.

« N'est-ce pas cela même qui a été dit à Sainte-Hélène
« par l'empereur Napoléon Ier ? N'est ce pas là ce qui est
« contenu dans ces paroles profondes qui sont le pro-
« gramme de l'avenir : *Je ne crois pas qu'après ma chute
« et la disparition de mon système, il y ait d'autre grand*

---

(1) Expression d'un Anglais rapportée par le colonel de Baudus :
*Études sur Napoléon.*

« *système d'équilibre en Europe que l'agglomération et la*
« *confédération des grands peuples. Le premier roi qui, au*
« *milieu d'une commotion européenne, se mettra sincèrement*
« *à la tête des peuples, sera maître de l'Europe et il fera tout*
« *ce qu'il voudra.* »

« En ce moment le grand empereur fut vraiment le successeur de Charlemagne ; il en continuait la mission, car il traduisait dans la langue politique la loi chrétienne révélée par saint Paul :

« Mystère du Christ, ignoré des générations précé-
« dentes, aujourd'hui révélé.

« Les nations sont cohéritières ; elles sont les organes
« d'un même corps, et solidaires dans la promesse du
« Christ.

« L'empereur Napoléon I^er a proclamé cette vérité.

« Il a proclamé la solidarité des nations.

« Si vous proclamez également cette nouvelle politi-
« que, elle triomphera ; car elle est nécessaire, et elle
« est devenue la seule politique possible.

« C'est là qu'est la solution.

« La liberté victorieuse s'organisera d'elle-même en fé-
« dération puissante et féconde et elle délivrera l'Orient.

« Les rois de l'Europe représentant le congrès des
« peuples relèveront les nationalités blessées ou souf-
« frantes ; et au lieu de confier au Coran le soin de ré-
« veiller et de civiliser l'Orient, c'est là, au contraire,
« qu'ils élèveront le Labarum, le véritable étendard de
« la civilisation, sur lequel les peuples liront encore ces
« mots : *In hoc signo vinces.*

« Voilà le but qui est proposé aux peuples et sur le-
« quel viennent se confondre, dans une lumière mysté-

« rieuse, les rayons du passé et l'éclat des siècles futurs.

« Voilà pourquoi la question polonaise dissout l'Eu-
« rope au moment même où la question d'Orient dis-
« sout l'empire turc, afin que l'on comprenne bien que
« l'Occident et l'Orient sont solidaires et doivent se rele-
« ver et se rétablir d'un seul coup par le même effort, à
« la lueur de la même pensée.

« Et en même temps, la question romaine se pose,
« parce que la société humaine, lorsqu'elle se rétablit
« sur sa base, n'est pas complétement rassurée tant que
« l'alliance n'est pas rétablie entre elle et Dieu.

« L'alliance de la religion et de la liberté enveloppera
« donc toutes les autres solutions. Elle en sera le cou-
« ronnement et la sanction, et la crise ouverte par la
« révolution française sera terminée. »

# V

## L'Europe.

L'insurrection polonaise rend nécessaire cette nouvelle politique. La Pologne, en se levant seule contre la Russie, affirme la solidarité des nations européennes. Et il arrive ceci : c'est que ses espérances sont les espérances mêmes de l'humanité au xix$^e$ siècle.

Depuis le xvi$^e$ siècle, la forme antique de la civilisation chrétienne n'existe plus. Le saint-empire romain, qui était le signe et non la forme de l'unité européenne, tend à disparaître.

La formule est brisée, afin que l'idée se dégage plus claire, plus lumineuse.

Depuis ce moment, l'idéal de la société humaine tourmente les peuples chrétiens et les convie à une plus grande réalisation de la justice.

L'empire d'Occident, rétabli un moment par Napoléon I$^{er}$, est tombé ; il est tombé sous l'effort gigantesque par lequel il voulait embrasser le monde. Les rois vainqueurs de Napoléon I$^{er}$, en 1814 et en 1815, n'ont pas résolu le problème.

Napoléon Ier l'a posé de nouveau à Sainte-Hélène. Il a proclamé la liberté dans la solidarité. La Pologne reprend cette affirmation. Et comme chaque peuple doit apporter son concours à cette œuvre commune, chacun d'eux, à cette heure solennelle de l'histoire, révèle son type plus clairement et fait mieux resplendir l'idée qui est sa raison d'être. Si donc nous interrogeons chaque peuple tour à tour, nous devons trouver, en combinant le génie de chacun d'eux, le caractère du nouveau monde qu'il s'agit d'édifier.

Il y a un peuple qui représente mieux qu'aucun autre l'unité dans la diversité et dans la liberté. Ce sont les descendants de ces fiers Germains qui ont apporté au monde le sentiment de la liberté individuelle que les Romains ne connaissaient plus.

Ce peuple, qui est la patrie primitive de la liberté, passionné outre mesure pour l'indépendance de l'activité individuelle, cherche en même temps et conserve l'unité.

L'Allemagne aime à se bercer dans les grandes harmonies de la création : tel est le génie de ses philosophes et de ses poëtes. Elle conserve les types; c'est le signe de sa noblesse. C'est elle qui a gardé fidèlement le type primitif de la société chrétienne, sous la forme du saint-empire romain.

Et aujourd'hui, l'image de cet empire la passionne de nouveau. Mais les autres peuples de l'Europe peuvent répondre à l'Allemagne : « Vous voulez constituer au-
« jourd'hui l'unité allemande, afin que votre race pèse
« d'un plus grand poids dans la balance des intérêts eu-
« ropéens, afin que votre action politique ait plus d'in-
« tensité et plus d'énergie. C'est votre droit. Mais cette

« action politique que vous voulez agrandir, vers quel
« but sera-t-elle dirigée? Est-ce contre la liberté euro-
« péenne? Dans ce cas, nous vous combattrons. Voulez-
« vous, au contraire, la servir? Mais si vous voulez la
« liberté pour tous, pourquoi ne pas l'établir de suite?
« Élargissez donc votre ambition et confondez-la avec
« la nôtre. Partons ensemble jusqu'à Constantinople,
« votre Francfort. Que Constantinople devienne la capi-
« tale de la liberté européenne. Et alors vous aurez
« mieux réalisé l'idéal du saint-empire romain, qu'en le
« rétrécissant dans les limites étroites d'une seule race. »

Pendant que l'Allemagne conserve le signe de l'unité
européenne, tout en oubliant le principe de la liberté et
de la solidarité des nations; pendant que la Pologne
affirme le principe oublié par l'Allemagne, principe sous
lequel l'unité politique devient odieuse, l'Irlande éclaire
d'une manière admirable les principes par lesquels se
constitue la liberté intime d'une nation.

L'Irlande a eu cette heureuse fortune et cette gloire de
rencontrer, la première entre toutes les nations de l'Europe, celui qui devait enseigner au monde par sa conduite la pratique de la liberté politique dans la justice.
La parole de O'Connel éveilla de son sommeil séculaire
la souveraineté nationale; il lui rendit conscience d'elle-
même; en même temps il lui apprit à respecter la souveraineté royale, l'accord de ces deux souverainetés dans la
justice constituant précisément la liberté politique. De
même que l'océan s'arrête à la limite que le doigt de Dieu
lui a fixée, de même la souveraineté irlandaise soulevée
par O'Connel s'apaisait au point précis marqué par la
justice.

O'Connel affirmait en même temps la souveraineté na
tionale et la souveraineté royale. Lui-même représentait
le ministre proposé par la nation, injustement repoussé
par le roi. Cette conception rationnelle est seule con-
forme à la nature des choses. Elle détruit la théorie de
Jean-Jacques Rousseau, qui se représentait la cité à
l'image d'un Dieu unipersonnel qui n'existe pas. La souveraineté nationale repose en même temps sur le peuple,
sur le roi et sur le ministre. Elle est tripersonnelle. La
souveraineté unipersonnelle de Jean-Jacques Rousseau
est aussi impossible et chimérique que le Dieu dont elle
serait l'image.

L'Irlande représente encore plus clairement que tout
autre peuple la solidarité de tous les membres de la cité,
la responsabilité pesant également sur chaque tête, in-
dépendamment des conditions extérieures de la nais-
sance et de la fortune.

Elle montre que si le fardeau des destinées nationales
peut reposer quelque temps sur des classes privilégiées,
il arrive un moment où ce dépôt ne peut plus être retenu
justement par elles.

Qui oserait dire aujourd'hui en face de l'Irlande que
les droits politiques doivent être réservés à la richesse,
parce que, seule, elle assure et garantit l'indépendance
du citoyen? Qui oserait insulter ainsi le martyre de ce
grand peuple chez lequel les meilleurs citoyens, les plus
nobles et les plus vaillants, sont devenus pauvres et men-
diants afin de rester fidèles à la religion de leurs pères
et à la patrie. Ils ont abandonné leurs biens comme les
premiers martyrs donnaient leur vie. Et après avoir
abandonné leurs biens, ils donnent encore leur vie dans

ces famines périodiques, résultat de la spoliation dont ils furent victimes.

Là, la pauvreté est bien la marque de l'indépendance; et la richesse fut longtemps le stigmate de l'apostasie.

Voici une preuve de cette indépendance qu'il ne faut pas se lasser de rappeler, afin qu'elle retentisse à jamais dans les annales de l'histoire, pour l'honneur de l'humanité.

Un citoyen irlandais, au-dessous même de l'indigence, puisqu'il était emprisonné pour dettes, fut autorisé par son créancier à sortir de prison à condition qu'il voterait contre O'Connel. Il cédait presque à la tentation, lorsque sa femme, malheureuse comme lui, s'avança et lui dit ces paroles mémorables : « Souviens-toi de ton âme « et de la liberté. » L'Irlandais se souvint de son âme et de la liberté. Il vota pour O'Connel et rentra dans sa prison.

Il fallait un tel exemple dans ce pays d'Angleterre, qui a l'amour de la liberté, mais qui a aussi la superstition de l'or. C'est là qu'un pair d'Angleterre a été dégradé à cause de son extrême pauvreté. L'Angleterre déclarait par là, chose honteuse, qu'il ne faut pas ajouter l'argent au mérite ou à la dignité, mais qu'il faut, au contraire, joindre la dignité à l'argent.

L'Irlande a protesté contre cette doctrine.

L'opinion publique de l'Europe se dressera un jour contre l'Angleterre et lui demandera compte de ce qu'elle a fait de l'Irlande et des Indes.

Si elle est libre chez elle et si chacun de ses enfants est inviolable jusqu'aux extrémités de la terre, peu lui importe que la liberté et la justice sombrent en dehors de son île. Pour elle, le vaisseau défendu par ses vaillants marins porte tout ce qu'elle aime. C'est là son orgueil, sa majesté et son crime. Mais le genre humain se lassera de cette domination qui arrête l'essor de la liberté. Elle a voulu le libre échange au profit de son industrie. Le libre échange est la solidarité commerciale. En retour elle subira la solidarité politique qu'elle a méconnue jusqu'à présent.

A ce moment de transformation où nous sommes arrivés, il semble que chaque rôle veuille imprimer son cachet sur le monde futur. L'Angleterre, victorieuse à Waterloo, essaye de retenir la suprématie qu'elle a arrachée à Napoléon I<sup>er</sup>. Cependant la Russie poursuit sourdement la réalisation du rêve monstrueux du panslavisme. L'Allemagne cherche sa grandeur dans une unité fatale, inutile, si elle ne domine pas l'Europe, dangereuse pour elle si elle provoque à l'Orient et à l'Occident la concentration des races slaves et des races latines entre lesquelles elle serait étouffée.

L'Italie paraît troublée par les souvenirs de son ancienne grandeur. Elle a perdu le sens de son histoire et de sa destinée.

Il y avait quelque chose d'inachevé dans le génie du peuple romain. Sa grandeur incontestable éclate uniquement dans la politique. Il est grand dans la guerre et dans la législation, dans tous les arts qui se rapportent au gouvernement. Dans les autres arts qui sont le cachet d'une civilisation arrivée à sa perfection, il porte la marque certaine d'un génie inachevé. C'est une grandeur commencée qui ne devait être pleinement développée que par le christianisme. Il n'y a pas eu deux civilisations sur le sol italien; mais la civilisation commencée par le peuple romain s'achève par l'Église. Le gouvernement du monde, d'abord par les armes et par le droit, puis par les arts et par la religion, telle était la destinée de ce peuple. Quelle autre idée pourrait porter aujourd'hui la nationalité italienne? Quelle serait sa destinée?

Deux idées se combattent maintenant sur le sol italien. L'une est représentée par le gouvernement du roi Victor-Emmanuel; l'autre est représentée par Mazzini. Pour celui-ci l'Italie n'est que le point de départ d'une initiative européenne, universelle qui, si elle pouvait réussir, constituerait une Europe nouvelle en dehors du christianisme. C'est la négation audacieuse et violente de l'ordre surnaturel. Le gouvernement du roi Victor-Emmanuel ne peut pas évidemment obéir à cette initiative qui le détruirait ; il prétend l'arrêter et la fixer au point précis où l'unité politique de l'Italie serait fondée. Mais par le fait il est complice de Mazzini, et il sert ses projets depuis le jour où il a changé le principe de l'indépendance politique de l'Italie contre le principe mazzinien de l'unité italique.

Pendant que sur le sol sacré de l'Italie s'élève audacieusement une initiative politique qui est la négation de l'ordre surnaturel, à l'orient de l'Europe les Slaves représentent précisément l'idée contraire, c'est-à-dire la communion et presque la confusion de l'ordre naturel et de l'ordre surnaturel. Et c'est pourquoi une partie de cette race, la Russie, dans ses rêves de domination se considère d'avance comme la condamnation et la punition future de l'Occident. Et déjà elle en est la menace.

La Pologne, en se levant, a rendu vaine cette menace;

en se rangeant avec l'Europe occidentale, elle a sauvé l'Europe. La cause de la Pologne est la cause même de l'Europe ; c'est la cause de la liberté ; c'est la cause de la France.

La mission de la France est écrite dans son nom. Ce nom signifie affranchissement.

# VI

## La révolution.

C'est ainsi que les idées représentées par les peuples européens se croisent aujourd'hui avant de s'harmoniser et de se combiner dans un monde nouveau. Mais je n'ai point parlé de l'empire ottoman. C'est qu'en effet cet empire, loin de faire partie de l'Europe, en est la négation. Il est certainement la négation de la république chrétienne. Et celle-ci ne pourra pas s'affermir sans le détruire. L'empire ottoman n'est pas autre chose qu'une religion armée et organisée contre le monde entier, mais qui est surtout l'ennemie du christianisme. Et si la haine de l'islamisme est devenue impuissante contre l'Europe, il se venge avec d'autant plus de colère sur les races chrétiennes soumises à sa domination.

Rien ne prouve mieux la grandeur de la crise et du mouvement de la civilisation moderne que l'état actuel de l'empire ottoman.

L'empereur Napoléon Ier disait qu'il ne connaissait que deux peuples, les orientaux et les occidentaux. Ces deux peuples longtemps divisés tendent à se rejoindre.

L'empire ottoman était un obstacle à la réconciliation. Cet obstacle s'efface, ou s'il subsiste encore, il n'a plus que la valeur et la force que l'Europe consent encore à lui donner.

Ainsi la fusion de l'Occident et de l'Orient devient possible.

Ceci sera le grand événement du XIX<sup>e</sup> siècle.

Mais comment la question d'Orient est-elle en même temps la grande question de l'Occident? Pourquoi, selon M. Thiers, la solution de cette question sera-t-elle « l'œuvre la plus éclatante des temps modernes (1)? »

Ce n'est pas seulement parce qu'elle « contient le sort « du vieil univers (2). »

Ce n'est pas seulement parce que l'Orient est le champ de bataille déterminé d'avance où se videra définitivement le conflit qui a déjà donné lieu à deux grandes guerres, l'expédition de Russie par Napoléon I<sup>er</sup> et l'expédition de Crimée sous Napoléon III.

Ce n'est pas seulement parce que la civilisation occidentale, pour remporter cette victoire suprême, devra se déployer et s'affirmer elle-même dans toute son énergie. Il y a une raison plus haute : Une loi mystérieuse, étonnante, est engagée dans cette question.

N'est-il pas certain que tout mouvement de la civilisation part de l'Orient et y retourne? Est-ce qu'Alexandre n'a pas reporté la Grèce aux lieux mêmes d'où elle était venue? Est-ce que Constantin n'a pas transporté Rome à Constantinople? Est-ce que les Croisés n'ont par reporté et répandu la civilisation chrétienne aux mêmes

(1) Thiers, *Hist. du Cons. et de l'Emp.*
(2)   *Id.*                    *Ibid.*

lieux d'où ils l'avaient reçue, à Jérusalem, à Antioche, en Grèce, à Constantinople même? Est-ce que Napoléon I<sup>er</sup> n'a pas obéi à la même loi par son expédition d'Égypte?

N'était-ce pas alors la civilisation européenne qui envahissait de nouveau l'Orient? Et après avoir échoué dans cette tentative n'a-t-il pas dit ces mots étranges : « J'ai « manqué ma destinée? »

Ceux qui pensaient que la civilisation avance toujours d'Orient en Occident et qu'après avoir abandonné l'Europe, elle retrouvera sa vigueur et sa séve en Amérique, se trompaient. L'état actuel de l'Amérique le démontre suffisamment. Non, la marche de la civilisation est circulaire. Elle va d'Orient en Occident et elle retourne vers l'Orient.

Que signifie cette loi mystérieuse? Je l'ignore; mais je la constate. On diraitje ne sais quelle sublime nostalgie de l'humanité qui se souvient de son berceau. On dirait qu'elle est tourmentée par le désir de revoir sa patrie, la patrie de la lumière et de la splendeur.

Audax Japeti genus. . . .

disait Horace. Oui, l'Occident est audacieux. Mais dans ses élans vers l'avenir, il se souvient toujours de l'Orient.

Japhet aspire à se reposer sous les tentes de Sem.

Peut-être aussi que ces contrées qui ont dissipé les trésors dont le monde s'est enrichi sont protégées malgré leurs fautes par la loi de la solidarité universelle ; et que leur misère est devant Dieu comme une prière efficace par laquelle elles réclament leur part de l'héritage commun qu'elles ont possédé les premières.

Peut-être aussi que l'Occident a besoin de l'Orient, et que sa civilisation manque d'ampleur et de majesté tant qu'elle ne s'est pas rafraîchie et reposée à cette source primitive de la grandeur! peut-être que Napoléon accusait ce malaise sublime de l'humanité lorsqu'il disait : « Cette vieille Europe m'ennuie! »

C'est qu'en effet l'Orient malgré sa décadence porte toujours la trace de sa splendeur première. Et l'Occident ne peut pas s'élever sans que l'on retrouve en Orient le principe toujours existant de sa grandeur.

Quel est aujourd'hui en Europe le fait le plus considérable, la marque la plus certaine d'une révolution morale prodigieuse? Ce fait, tout le monde l'a nommé. Chacun le constate; mais il éblouit toujours; il confond, il étonne, par sa nouveauté et sa puissance. Je parle du gouvernement de la parole qui répond à la souveraineté de l'opinion. C'est bien là ce qui constitue la grandeur du temps où nous vivons; de là viennent les fluctuations de la civilisation une et immense comme la mer; de là l'imprévu, et l'énergie des révolutions modernes.

La force matérielle s'incline devant l'opinion, c'est-à-dire devant la force morale justement ou injustement exprimée.

Par là l'Occident se rappoche de l'Orient.

En Orient tout commence par la parole parce que tout y commence par la religion. Tout mouvement humain sur cette terre sacrée est un mouvement religieux vrai ou faux. Là il n'est possible de remuer les hommes qu'au nom d'une idée religieuse.

Ainsi au moyen âge l'Europe était soulevée par la parole de ses apôtres, et elle s'élançait vers l'Orient.

Et depuis le xvi<sup>e</sup> siècle les grandes guerres de l'Occident sont également des guurres de principes. Ce sont

des controverses qui commencent par la parole et qui se continuent sur les champs de bataille.

Les guerres provoquées par la révolution française ne furent pas autre chose. Les révolutionnaires étaient les philosophes armés, maîtres du pouvoir et défendant leurs principes les armes à la main après les avoir propagés par la parole.

Cela posé, on peut concevoir de deux manières la fusion de l'Occident et de l'Orient. Si la révolution française est purement et simplement la négation du christianisme ; si elle représente réellement, comme quelques-uns le prétendent, la raison humaine armée contre l'ordre surnaturel ; dans ce cas elle doit faire alliance avec l'islamisme. Des deux côtés c'est à peu près le même principe. L'islamisme est le culte de la raison accommodé au génie de l'Occident.

C'est pourquoi nous avons vu l'Europe, dominée par l'esprit révolutionnaire, donner la main à Mahomet dans le traité de Paris. Mais qui donc considère encore le traité de Paris comme la solution de la question d'Orient ? Qui oserait attendre, espérer de l'islamisme le réveil de la civilisation orientale ?

Le traité de Paris a été la défaillance de l'Europe en face de la question d'Orient, comme les traités de 1815 ont été la défaillance de l'Europe en face du problème soulevé par la révolution française. Ceux-ci ont été une insulte à la liberté ; celui-là est une injure faite au christianisme.

Ces deux traités n'ont pas apaisé la crise européenne. Ils n'ont pas résolu le problème.

La révolution française a été un des mouvements les

plus audacieux de l'esprit humain. Elle a résumé l'histoire, et elle a interrogé l'avenir avec une audace inouïe. Elle a mis son cachet sur le monde, et elle entraîne ses destinées.

Si je ne me trompe, voici ce qu'elle dit : c'est le cri de la terre qui demande dans son délire, en méconnaissant le Dieu qu'elle invoque, la manifestation de sa gloire et l'achèvement de la rédemption.

La terre crie vers le ciel : « Liberté, Égalité, Frater« nité ou la mort!... C'est-à-dire que Dieu détruise son « œuvre ou qu'il fasse éclater sa gloire, et qu'elle soit la « restauration du genre humain! »

En même temps, comme pour forcer Dieu d'intervenir, elle détruit avec une fureur sauvage tout l'ordre ancien, afin qu'il n'y ait plus rien de possible qu'un ordre nouveau réalisant la justice et la vérité.

Et elle dit à Dieu : « Vois! j'ai creusé un abîme dans « lequel l'humanité va tomber; car je lui ai fermé toute « autre voie. Elle est fascinée par ma parole. Nous pé« rissons tous si tu ne viens combler par ta miséricorde « et par ta gloire le gouffre que j'ai ouvert. »

Ainsi parle la révolution donnant un corps visible, traduisant au dehors la grande puissance devant Dieu des soupirs et des vœux ardents de ses adorateurs restés fidèles et confiants dans la solitude de quelques cloîtres oubliés.

Et cette clameur immense a rempli la terre.

C'est pourquoi lorsque les vapeurs de l'ivresse révolutionnaire ont été un peu dissipées, le vicaire du Christ s'est levé sur son trône, et le souffle de sa parole a couru jusqu'aux confins du monde.

Les rois qui retenaient injustement la liberté, ont été secoués par la tempête. Puis les peuples ont été châtiés à leur tour.

Puis l'initiateur est attaqué par ceux-là même auxquels il donnait la puissance de l'avenir. Il est écrasé par le problème qu'il a soulevé seul dans sa force. Mais il ne se laisse pas décourager. Il avance, il avance toujours. Il relève les espérances de l'humanité ; il entre hardiment dans l'avenir ; il appelle à son aide la Vierge sans tache. La gloire de la mère annonce le règne béni de son fils. L'Église tressaille de joie dans ses souffrances, et elle répond aux attaques de ses ennemis en attestant plus hautement son unité ; et afin de mieux marquer le caractère et l'étendue de sa victoire, elle répand d'avance jusqu'aux extrémités de l'Orient sa gloire et la gloire de ses fils martyrs. Par elle la question d'Orient, qui est la question même de la révolution française, est élevée à sa hauteur idéale, en attendant qu'elle reçoive sa solution politique et sociale.

Il faut dire avec Joseph de Maistre : « Nul doute que « nous n'assistions à une des grandes époques du monde « et que tous les hommes sages ne doivent tenir leurs « yeux ouverts, car nous ne sommes pas au bout. »

« Nous assistons à la plus grande des époques religieuses. »

Ces paroles de Joseph de Maistre expliqueront peut-être pourquoi je confonds la question de la révolution française avec la question d'Orient. C'est que la révolution française est une question non une solution. C'est une question, une aspiration immense de l'humanité. Or la politique ne peut pas répondre à cette réclamation sans répondre en même temps à la réclamation de l'Orient. L'Occident ne peut pas garder, comme son bien propre, la liberté et la refuser à l'Orient. Et c'est ainsi que la liberté rendue en même temps à l'Occident et à l'Orient sera, selon l'expression de M. Thiers, « l'œuvre la plus « éclatante des temps modernes ; » et cette œuvre sera en même temps la solution de la question de la révolution française et la solution de la question d'Orient. Il va sans dire que la question polonaise sera résolue par cela même, et qu'il faut commencer par elle.

Mais que faut-il faire aujourd'hui même, en présence de l'insurrection polonaise ? Quel est le devoir de l'Europe ? Quel est le devoir de la France ? La réponse à cette question sera la conclusion de ce livre.

Est-ce la guerre ou la paix que vous proposez ? Je réponds comme le prince Napoléon au sénat : Ce n'est ni la guerre ni la paix. La guerre peut surgir, et il faut s'y préparer ; mais si elle doit éclater, il y a quelque chose à faire auparavant.

# VII

**Conclusion.**

Alexandre mourant, interrogé à qui il laissait le commandement, ne répondit pas.

Il ne désigna pas son successeur.

Il répondit selon l'histoire : « Au plus digne. »

L'empereur Napoléon Iᵉʳ à Sainte-Hélène a fait exactement comme le héros macédonien.

Il n'a pas désigné son successeur ; mais après avoir formulé la politique de l'avenir, il a dit : « Le sceptre « européen qui est tombé de mes mains à Waterloo ap- « partiendra à celui qui suivra cette politique. Celui-là « reprendra l'initiative qui m'a été arrachée par les rois « coalisés, et il accomplira par la liberté ce que j'avais « essayé de faire par la force. »

Doutez-vous que l'empereur Napoléon Iᵉʳ ait parlé ainsi ? Eh bien ! voici ses paroles recueillies par le *Mémorial de Sainte Hélène* :

« Le premier roi qui au milieu d'une commotion euro- « péenne se mettra sincèrement à la tête des peuples « sera maître de l'Europe et il fera tout ce qu'il voudra. »

L'heure est venue de pratiquer cette politique nouvelle.

L'insurrection de la Pologne met tous les peuples et tous les gouvernements en demeure de se prononcer sur la question posée par le martyre de ce grand peuple. Et cette question est celle de la liberté. La liberté devient la cause de la justice.

Je suppose donc qu'un prince, se rappelant les paroles de Napoléon I$^{er}$, veuille inaugurer la politique nouvelle essayée par la France en 1789, formulée de nouveau par Napoléon I$^{er}$ à Sainte-Hélène. Je suppose qu'il veuille enfin donner une forme précise, exacte au nouveau monde appelé par les aspirations de l'humanité, prophétisé par les penseurs...

Je suppose que ce prince soit l'empereur Napoléon III. Que ferait-il ?

Quelle conduite tiendrait-il en face de la Pologne soulevée, de l'Orient qui se décompose, de l'Italie non pacifiée ?

Le premier acte de cette politique serait la reconnaissance pure et simple de la Pologne. La Pologne est-elle libre et indépendante de droit ? Si cela est il faut le dire. Il faut que les nations qui ont laissé violer la justice déclarent au moins par l'organe de leurs gouvernements qu'elle a été violée.

Ce n'est pas assez d'implorer l'oppresseur en faveur de la victime. Cela n'est pas nécessaire et cela n'est pas convenable ; mais ce qui est nécessaire et convenable, c'est de rendre au moins à la victime la justice stricte qui lui est due par la reconnaissance éclatante de son droit à la face du monde.

La question de guerre ou de paix n'est pas encore posée ; mais la question de la justice est posée.

Ainsi l'empereur sans déclarer la guerre, sans rappeler même aucun ambassadeur, affirmerait purement et simplement le **droit de la Pologne**. Il affirmerait la justice et, chose merveilleuse! en l'affirmant il l'établirait.

Voyez en effet ce qui arriverait. Je sais bien qu'un tel acte provoquerait immédiatement une tentative de coalition contre lui. Mais ce que j'affirme en même temps sans crainte d'être démenti, c'est que cet effort retomberait sur lui-même et que la pensée de renouer contre la France la coalition de **1814** et de **1815** ne ferait que traverser la tête et le cœur des souverains.

Je continue l'examen de cette hypothèse.

Voilà donc l'empereur Napoléon III qui a passé le Rubicon comme César. Il a brûlé ses vaisseaux. Il est entré hardiment dans la voie de l'avenir.

Il a reconnu la Pologne libre, souveraine, indépendante. Il n'a menacé personne; mais il a mis la main sur la garde de son épée et il attend l'effet de sa parole.

Je dis qu'aucun souverain n'oserait prendre la responsabilité d'une guerre déclarée contre celui qui aurait pris en main la cause des peuples, la cause de la liberté, la cause de la justice.

Car, dans l'hypothèse que j'examine, le gouvernement de l'empereur Napoléon III renoncerait pour la France à toute prétention territoriale. Il proposerait, il n'imposerait rien ni aux peuples ni aux gouvernements. Dès lors quel reproche pourrait-on lui faire? Quelle cause de guerre, quel *casus belli* pourrait-on trouver dans sa conduite?

La parole du souverain n'est-elle pas libre comme celle des particuliers, pourvu qu'elle respecte la justice et les convenances du droit et de la morale?

Cette initiative serait donc prise impunément. Par cela seul elle serait victorieuse.

J'ai dit que le premier pas de la politique nouvelle serait la reconnaissance de la Pologne. Quel serait le second ?

Le second pas de cette politique consisterait dans l'envoi d'une note diplomatique qui aurait pour objet la formation d'un congrès européen et qui serait rédigée à peu près dans les termes suivants :

« Tant qu'il ne s'est agi que de l'intérêt de la France, « le gouvernement de l'empereur Napoléon III a res- « pecté les traités de 1815, quoiqu'ils aient été conclus « principalement contre elle.

« Aujourd'hui même, ce n'est pas la France qui les « déchire.

« Ils sont détruits de fait par l'insurrection légitime « d'un peuple qui s'est levé pour défendre ce qui a tou- « jours été sacré aux yeux des hommes : la Religion, la « Patrie, la sainteté du foyer domestique.

« Il n'y a plus lieu d'examiner la question de savoir si, « à d'autres époques, la constitution légale de l'Europe « imposait aux Polonais la soumission au gouvernement « russe. Devant la conscience humaine ce lien légal, s'il « a jamais existé, n'existe plus. Le moment est donc « venu de mettre les traités d'accord avec le droit.

« La France ne nourrit aucun mauvais vouloir contre « la Russie. Elle se souvient des témoignages de sym- « pathie que cette puissance lui a donnés. D'ailleurs « les luttes qu'elles a soutenues contre ce peuple brave « et généreux lui ont appris à l'estimer et à l'honorer.

« Mais elle ne peut pas oublier non plus la fraternité

« d'armes qui l'unit à la Pologne. Elle se rappelle que
« le sang de la Pologne et le sang de la France se sont
« mêlés sur vingt champs de bataille. Elle se rappelle
« aussi que la Pologne s'est sacrifiée dans plusieurs oc-
« casions mémorables au salut commun de l'Europe.

« D'ailleurs le peuple français veut et doit rester fidèle
« à ses traditions. C'est son honneur ; et ses intérêts sont
« d'accord avec son honneur.

« Il se souvient qu'il s'est levé en 1789, non-seule-
« ment pour sa propre liberté, mais pour la liberté du
« monde.

« Or la Pologne représente aujourd'hui la cause de la
« liberté. Si ce peuple périssait aujourd'hui par l'indiffé-
« rence des gouvernements et des peuples, son sang re-
« tomberait sur nous et sur toute l'Europe. Le gouver-
« nement de l'empereur fait donc appel aujourd'hui à
« tous les peuples et à tous les gouvernements de l'Eu-
« rope chrétienne, avec lesquels son intention est de
« conserver des relations amicales ; et il leur propose
« d'affirmer sur des bases plus fortes la constitution de
« l'Europe. »

. . . . . . . . . . . . . . . . . . . . . . .

. . . . . . . . . . . . . . . . . . . . . . .

. . . . . . . . . . . . . . . . . . . . . . .

Cette note serait immédiatement rendue publique ; car
elle s'adresserait en même temps aux gouvernements et
aux peuples.

La diplomatie qui ne s'adresse qu'aux gouvernements
est un anachronisme. Le secret des négociations était une
force et une habileté lorsque les destinées des peuples pou-
vaient être délibérées et décidées sans leur concours et

livrées ensuite au sort des armes. Mais aujourd'hui l'opinion est une puissance co-souveraine. Les représentants du peuple romain parlaient au nom du sénat et au nom du peuple; et quand ils faisaient sonner cette formule : *Senatus populusque romanus....*, ils affirmaient par cela même le concours de ces deux souverainetés, celle du sénat et celle du peuple. De même aujourd'hui la force des gouvernements est dans l'assentiment du peuple; elle réside dans le concours de la souveraineté royale et de la souveraineté populaire. La diplomatie ne peut donc plus parler seulement au nom des gouvernements, puisque les rois sont ou doivent être les représentants des peuples et qu'il faut qu'ils puissent dire ce que Napoléon Iᵉʳ disait de lui-même : qu'*il était le peuple empereur*.

Il faut donc que la diplomatie parle au nom des nations et qu'elle s'adresse aux nations. Il ne suffit plus d'agir sur les gouvernements et de les persuader en négligeant l'opinion publique; car un mouvement soudain de cette opinion méconnue peut déjouer les calculs les plus habiles et rompre les trames les mieux ourdies. Il faut s'adresser en même temps aux gouvernements et aux peuples.

Quel est donc le sens d'une telle situation? C'est que la souveraineté de l'opinion publique a rétabli le forum des peuples. Ils sont maîtres de leurs destinées; et pour qu'une politique triomphe, il faut qu'elle obtienne leur assentiment. Ceci est la marque, le dernier progrès, le résultat le plus extraordinaire de la révolution morale qui s'accomplit en Europe.

Devant cette assemblée des peuples que peut faire un gouvernement? que peut-il leur proposer? Une seule chose : la justice. C'est ainsi que par une disposition merveilleuse des événements, il n'y a plus que la justice qui soit possible. Et en même temps elle est nécessaire.

La question polonaise impose la justice à l'Europe sous peine de honte et de ruine. Elle évoque une politique nouvelle qui soit d'accord avec les changements opérés dans les mœurs et dans les idées, et qui termine enfin dans la justice et la vérité la crise ouverte par la révolution française.

La diplomatie tend donc à devenir la conversation et par suite l'entente des peuples. Le lieu de ce rendez-vous est la justice. Voilà pourquoi l'empereur Napoléon I$^{er}$ a pu dire à Sainte-Hélène par une vue prophétique et une haute intelligence de son temps : « Le premier roi qui « se mettra sincèrement à la tête des peuples sera maître « de l'Europe et il fera tout ce qu'il voudra. »

O France ! ô ma patrie ! permets qu'un de tes enfants, épris de ta gloire, t'adresse la parole !...

Il y a des peuples qui peuvent se proposer un but égoïste. La Russie peut caresser pendant de longs siècles le rêve du panslavisme, fixant constamment son regard sur Constantinople comme sur le siége futur de sa domination.

L'Allemagne a pu vouloir, elle peut essayer encore de s'approprier l'idée et la gloire du saint-empire romain.

L'Italie, remontant plus haut dans le passé, ne peut écarter de ses rêves le fantôme de sa gloire antique. Elle semble vouloir ressusciter l'histoire au lieu de la continuer.

Mais toi ! ô ma patrie, tu ne peux vouloir que la justice !.... Tu ne peux être grande que par le sacrifice ; et

tu t'appelles France parce que tu représentes l'affranchissement et la liberté du monde.

Cet empereur, ce César moderne qui t'a conduite sur
tous les champs de bataille, t'a enivrée un moment du
rêve de la conquête. Mais lui-même est devenu à Sainte-
Hélène le martyr de la cause des peuples.

Ne te plains pas aujourd'hui d'avoir été dépouillée de
tes conquêtes !... ne gémis plus de l'opprobre de l'occu-
pation étrangère. Tu as partagé le sort de ton héros.

Les rois qui ont foulé ton sol n'ont pas voulu seulement
satisfaire le ressentiment de leurs défaites. C'est la liberté
qu'ils ont cru enchaîner.

Et maintenant la liberté triomphe !...

Mais ne répudie aucune de tes gloires. Si tu es le soldat
de la liberté, tu es aussi le soldat de Dieu ; et tu as cet
honneur que les peuples opprimés espèrent en toi et invoquent ton secours des extrémités de la terre et que le
souverain-pontife, le chef de la prière, est habitué à se
reposer avec sécurité à l'ombre de tes drapeaux.

Sois donc fidèle à ta mission. Ne trompe ni les espérances des peuples ni la confiance de l'Église, afin que
le Dieu des armées augmente ta prospérité et multiplie
ta gloire !

PARIS.— IMP. W. REMQUET, GOUPY ET Cⁱᵉ, RUE GARANCIÈRE, 5.

# ERRATA.

Page 28, ligne 22, *au lieu de* : après avoir affermi le roi, *lisez* : affirmé.

Page 45, ligne 15, *au lieu de* : principes sous lequel, *lisez* : sans lequel.

Page 46, ligne 10, *au lieu de* : que chaque rôle, *lisez* : chaque peuple.